AF321456

SALOMON MÉRICAMP, Député à l'Assemblée Législative, Membre du Comité de Liquidation de cette Assemblée, & actuellement premier Suppléant à la Convention pour le Département des Landes, Procureur Syndic du District de Saint-Severt,

A LA CONVENTION NATIONALE
ET A MES CONCITOYENS.

INSTRUIT par les papiers publics que le comité de liquidation de l'Assemblée législative étoit soupçonné d'avoir favorisé la liste civile, membre de ce comité, je crus ne devoir pas attendre que la calomnie osât me comprendre dans la dénonciation ; honoré de la confiance de mes concitoyens, dans plusieurs postes délicats, je pensai que je leur devois, & à moi-même, de venir me présenter à ceux qui devoient être les premiers juges du délit dont ce comité pouvoit être accusé. Ma fierté, je ne le dissimule pas, entra pour beaucoup dans le parti que je pris ; je ne pus croire que, d'après ma conduite, on osât me charger d'un soupçon, & je partis pour défier la calomnie après avoir fait passer au citoyen président de la Convention & à la Commission des douze, un certificat portant refus de congé par le conseil

A

de mon diftriَt , avec demande de ne rien ftatuer fur mon compte qu’après m’avoir entendu.

Quel fut & quel dût être mon étonnement , lorfqu’à mon arrivée j’appris qu’un mandat d’amener avoit été lancé contre moi , & que j’avois croifé en route le courier porteur de l’ordre !

Fatigué d’un voyage de huit jours & huit nuits , je pris vingt-quatre heures pour me remettre un peu , & le lendemain je me préfentai bien librement & volontairement à la Commiffion des douze , fans préparation , comme fans crainte.

J’y ai fubi un interrogatoire de fix heures ; je n’accuferai pas la Commiffion de rigueur , je fais que l’inflexible juftice ne fe plie point aux ménagemens que défirent les accufés ; mais je puis dire au moins que tout autre auroit pu être alarmé , tant les interrogats annonçoient la prévention fur les délits.

L’interrogatoire porta fur deux chefs d’accufation ; je vais les diftinguer, pour mettre dans ma juftification cette clarté qui fonde l’efpoir de l’innocent.

P R E M I E R C H E F.

Le commiffaire de la lifte civile crut devoir préfenter à l’Affemblée légiflative un mémoire , dont le but étoit de rejetter fur le tréfor national , certaines penfions qu’il difoit militaires , & en dégager la lifte civile ; ce mémoire fut renvoyé au comité de liquidation par l’Affemblée.

On m'a interrogé à la Commiſſion des douze ſur ma conduite à cet égard , & voici les interrogats les plus eſſentiels.

D. Quel a été votre avis ſur ce mémoire ? Avez - vous
opiné pour ou contre ?

R. J'aurois pu répondre : Je ne dois compte de mes opinions qu'à ma conſcience, j'aurois pu repouſſer ces interrogats par la loi ; mais par reſpeçt pour la vérité , par reſpeçt
pour moi-même , j'ai affirmé que j'avois été d'avis & opiné
pour le rejet du projet énoncé dans le mémoire ; & en le fai-
ſant , j'ai été conſéquent avec mon ſyſtême, qui a toujours
été de combattre & de déjouer les projets ambitieux de ceux
qui auroient voulu groſſir une liſte civile déjà trop forte pour
ne pas inquiéter les vrais amis de la liberté ; & ſi j'avois
opiné pour faire adopter le mémoire , je l'aurois dit avec la
même franchiſe , parce que je ſuis intimément frappé de
çette vérité , qu'un repréſentant qui délibere ne doit à ſes
repréſentés que le réſultat de ſes connoiſſances & de ſa con-
viçtion ; & quel que ſoit ſon opinion , il lui ſuffit de pouvoir dire , je l'ai émiſe ſans avoir été influencé ni par la
crainte ni par la corruption.

D. Mais un procès verbal du comité de liquidation
porte que votre diſcuſſion & votre opinion ont été pour dé-
charger la liſte civile. Avez-vous reçu ou vous a-t-on offert
quelque récompenſe à cet égard ?

R. D'abord le procès verbal me paroît étrange ; car d'un
côté, il n'étoit pas dans l'uſage d'en rédiger , & ſur-tout de
déſigner les opinions de chaque membre , & de l'autre, le

A 2

prétendu procès verbal eſt contraire à la vérité ; il eſt faux : je ſais enfin qu'il a été rédigé par un commis mal inſtruit, & ſigné de confiance par le ſécrétaire, ainſi que ce dernier me l'a atteſté.

Enſuite, ſous des rapports généraux, mon opinion quelle qu'elle ait été, ne peut être un délit, à moins qu'on ne prouve que j'ai été corrompu ; or non ſeulement je n'ai rien reçu ; mais même on n'a jamais tenté d'attaquer mon inébranlable réſiſtance à tout projet qui pourroit tendre au détriment du public.

Enfin j'en ai appelé à mes collégues du comité, & demandé à la Commiſſion d'interpeler ſur le champ les citoyens Gelin & Lindet, membres de la Convention, qui atteſteroient ſans doute que j'avois opiné contre le projet de décret préſenté par le rapporteur, & diſcuté opiniâtrement le rejet de ce projet de décret, qui atteſteroient auſſi, ainſi que mes autres collégues, que j'étois ſi ferme dans mon opinion, qui ne prévalut pas, que je déclarai hautement que je monterois à la tribune, ſi on oſoit propoſer le décret.

J'ai invoqué encore deux autres témoignages dont j'ai demandé la vérification à la Commiſſion, en ma préſence, celui du citoyen Laporte, mon collégue au comité, actuellement membre de la Convention, & celui du citoyen Legrand de Saint-Réné, homme de loi, demeurant à Paris, rue de Chartres ; le premier, bien certain qu'il atteſteroit qu'il avoit été convenu entre nous que nous nous oppoſerions à ce décret ; qu'à cet effet, il m'a communiqué fon travail pour l'adapter au mien ; & le fecond, fûr encore qu'il rendroit hommage à cette vérité, que je lui remis mon travail contre le projet du comité, pour qu'il examinât mes moyens, qu'il me fît part de fes obfervations, & qu'il y ajoutât tout ce qu'il trouveroit propre à faire triompher ma jufte réfiftance à un projet de décret qui me paroiffoit contraire, non feulement à la loi, mais même à la liberté, par les nouveaux moyens de corruption qu'il mettroit dans les mains de ceux qui luttoient contre la révolution.

J'ai fait quelques obfervations fur la fauffeté du procès verbal, & j'ai tiré mes preuves de fon inexactitude qui n'annonçoit qu'une délibération, tandis qu'il y en avoit eu deux ; la premiere pour favoir fi le comité propoferoit de diftraire de la lifte civile quelques penfions, & la feconde quelles feroient ces penfions que l'on pourroit en diftraire.

La premiere paffa pour l'infirmative à la pluralité d'une voix ; je fus pour la négative.

Quant à la feconde, ma voix ne put être comptée, puifque j'avois voté contre l'admiffion de la premiere.

Que falloit-il de plus ? & certainement il n'eft pas poffible que la Convention faffe le moindre doute fur mon innocence.

D. Mais vous avez promis à Dufrefne de Saint-Léon, en janvier ou février, de faire rendre ce décret dans trois jours.

R. J'ai défié qu'on pût me prouver qu'en janvier ou février j'euffe promis, que j'euffe même raifonnablement pu promettre un décret ; j'ai ajouté qu'il étoit impoffible que j'euffe promis celui fur les penfions.

1°. En janvier ou février, je n'avois été chargé d'aucune efpece de rapport.

2°. Je n'étois point rapporteur de celui des penfions, & la Convention fait qu'il n'eft au pouvoir d'aucun membre du comité, pas même du préfident, d'affurer à quelle époque pourra être fait un rapport.

3°. Il eft prouvé, ou du moins il ne dépendoit que de la Commiffion des douze de s'affurer, & la Convention acquerra fûrement la preuve que j'ai voté contre l'admiffion du projet de décret favorable à la lifte civile ; mes collégues, ceux fur-tout que j'ai indiqués, & le citoyen Legrand de Saint-Réné, doivent donner la conviction à mes affirmations ; & ces atteftations doivent l'emporter fur un procès verbal qui ne fait aucune foi, & qui d'ailleurs ayant été rédigé par un commis, & figné aveuglément par le fécrétaire, contient encore d'autres infidélités que j'ai relevées dans mes réponfes.

Si donc il eft prouvé que j'ai voté contre le projet de décret favorable à la lifte civile, il eft impoffible que j'aie promis de faire rendre dans trois jours, ni fous aucun autre délai, un décret relativement aux penfions à retrancher de la lifte civile.

Tels ont été fur le premier chef d'accufation, les interrogats & les réponfes.

Qu'y verront mes juges & mes concitoyens , dont l'opinion m'eſt précieuſe, puiſque j'ai déſiré juſtifier la confiance dont ils m'ont honoré ?

Ils y verront que l'homme le plus pur peut être calomnié , mais que la calomnie lui prépare un triomphe de plus ; car, accuſé d'avoir voté en faveur d'une pétition de la liſte civile , au lieu de m'entourer de ma conſcience & de la loi, j'ai préféré la vérité à mes droits , en niant le fait , en aſſurant que loin d'avoir voté pour , j'avois voté contre, & même avec une fermeté qui devoit écarter de moi juſqu'au plus léger ſoupçon de corruptibilité ; auſſi, dois-je le dire ici , telle étoit l'opinion que j'avois donnée de moi, qu'on ne m'a jamais fait entendre une ſeule propoſition que mon devoir ait été de rejetter ; c'eſt le ſeul hommage que le méchant puiſſe rendre à l'homme juſte ; & l'homme public n'en ſauroit recevoir un plus flatteur.

Deuxieme chef.

Laporte , commiſſaire à la liſte civile , demanda la liquidation des offices & charges des maiſons du roi & de la reine, conformément à la loi, & écrit deux mémoires ; le commiſſaire liquidateur remit les pieces & mémoires au comité de liquidation , il s'éleva des ſoupçons, & voici les interrogats les plus eſſentiels que je me rappelle m'avoir été faits par la commiſſion des douze.

D. Avez-vous été rapporteur du projet de ce décret ?

Dufreſne de Saint-Léon ne . . . a-t-il pas donné des

mémoires pour des bafes de liquidation contraires à la loi ?

N'avez vous pas foutenu que les états éxigés par la loi & non fournis, n'étoient pas néceffaire ?

Les bafes propofées par le mémoire n'ont-elles pas été adoptées ?

N'avez vous pas été payé ou reçu des promeffes pour ce décret ?

Pourquoi n'avez vous pas fait ce rapport ?

Je rapporte les interrogats l'un à la fuite de l'autre, pour faire fentir que beaucoup font fans effet.

Car qu'importe que j'aie été ou non rapporteur dans une affaire ?

Que Saint-Léon ait propofé des bafes de liquidation con‑ traires à la loi ?

Qu'importe mon opinion fur les bafes propofées ?

Eft-ce un délit d'avoir été rapporteur dans une affaire concernant les offices & charges militaires de la maifon du roi & de la reine, que la loi difoit devoir être liquidés ?

Eft-ce un délit d'avoir opiné fuivant fa confcience & fes lumieres ?

Peut-on me rendre refponfable des erreurs qui peuvent avoir été préfentées dans un mémoire ?

Si des bafes ont été adoptées par un comité, peut-on en faire un crime au rapporteur ?

ansD

Dans une affaire, dont la décifion dépend de la con-
noiffance des faits & des pieces, un rapporteur peut être
foupçonné lorfque la décifion a été autre que celle qui devoit être portée d'après les faits & les pieces ; cela fe
conçoit : mais de quels foupçons peut être chargé le rapporteur d'une affaire où il s'agit de la loi, & où il eft
impoffible de répandre la moindre erreur relativement
aux faits.

Les feuls effentiels, & toute l'accufation fe réduifent
donc aux deux derniers interrogats. Ai-je reçu de l'argent,
des promeffes pour le décret? Et pourquoi n'en ai-je pas
fait le rapport ?.

A cet égard j'ai répondu que je n'avois reçu ni argent
ni promeffes, & je défie le calomniateur le plus intrépide
de fournir contre la vérité de cette dénégation la moindre
préfomption.

Les interrogats même prouvent affez que l'accufation
eft dénuée de tout fondement ; car on m'a demandé fi
j'avois reçu de l'argent ou des promeffes : . . . . lequel des
deux ? Un accufateur doit être sûr de fon fait ; & quand il
vacille, quand il tâtonne, il prouve qu'il n'agit que d'après
une délation incertaine, équivoque, & qui ne fait que
tourmenter le citoyen qui en eft l'objet.

Enfuite, fi j'avois reçu de l'argent, il eft à préfumer
que j'aurois fait le rapport, que je l'aurois au moins fait
imprimer, l'Affemblée légiflative autorifant ce procédé :
& n'ayant fait ni l'un ni l'autre, je ne puis être foupçonné
d'avoir reçu de l'argent.

B

Enfin , fi je ne n'avois reçu que des promeffes , il eft vifible qu'elles ne m'ont pas corrompu, puifque je n'ai pas fait ce rapport.

Le prétendu don, les prétendus promeffes, ces chefs d'accufation ne peuvent fe foutenir , puifque je n'ai pas fait le rapport, & je ne puis concevoir pourquoi on me fait un reproche de ce que je ne l'ai pas fait.

Voilà ce que j'aurois pu dire à la commiffion , & ce que je pourrois dire à des juges , fi ma délicateffe ne me portoit pas plus loin ; mais j'ai à parler à mes concitoyens qui m'ont honoré de leur confiance , voilà donc ce que j'ai dit à la commiffion , & ce qui s'eft paffé au fujet des mémoires & lettres, non de Saint-Léon, mais de Laporte.

Lors du renouvellement du comité de liquidation , je fus chargé de la partie des brevets, offices & charges militaires ; je trouvai un projet de décret général, adopté par la précédente feétion , & qui difpenfoit des charges militaires de la perte du quart que la loi impofoit ; je fit rejetter le projet par le comité.

C'eft mon début dans le comité, je ne me fuis pas démenti un moment.

Quelque temps après , plufieurs citoyens, fe difant officiers chez le roi & la reine, comme valets de pieds, fruitiers & autres petits emplois, vinrent demander leur liquidation ; je les renvoyai à leur tour d'expédition , & fur-tout à la remife des papiers, par le commiffaire liquidateur ; fubféquemment , ces mêmes citoyens , & autres ayant le même objet, étant revenus , m'affurant que leurs pieces étoient remifes , j'appelai les citoyens Adam & Gelin, mes collégues à cette fection , pour l'examiner.

Il y avoit parmi les différens actes , des lettres & mémoires , non de Dufrefne de Saint-Léon , mais de Delaporte , qui prétendoit que pour cette liquidation on ne pouvoit pas fuivre la loi qui leur avoit été appliquée , parce qu'il lui étoit impoffible d'exécuter les préalables ; il propofoit en conféquence d'autres bafes , même le verfement au tréfor national des fommes de la part des nouveaux officiers du roi , par maniere de cautionnement.

Comme je trouvois, ainfi que la fection , des difficultés , à raifon de cette inexécution de la loi , je fus chargé de les propofer au comité ; & dans le tableau que je fis , je n'y mis d'autre prétention que de lire les mémoires & lettres. Mon opinion & celle du comité furent de les foumettre à la décifion de l'Affemblée Nationale , & de s'occuper cependant des bafes propofées , fauf à regarder le travail comme inutile , fi l'affemblée exigeoit l'entiere exécution de la loi ; cette marche parut réunir la prudence à la célérité de l'expédition.

On examina donc ces bafes. Le comité crut devoir en admettre quelques-unes , parce qu'elles s'accordoient parfaitement avec les liquidations précédemment faites ; mais je n'ai jamais été nommé précifément rapporteur , quoique tout annonçât que je le ferois , cet objet étant de la fection , & ayant été chargé d'en parler au comité ; il n'y a jamais eu de projet de décret déterminé, puisqu'un article de penſion pour offices ſupprimés, n'a jamais été diſcuté; mon avis étant qu'il fut rejeté ſur la liſte civile; & puiſque l'objet du verſement par maniere de cautionnement n'a jamais été diſcuté & arrêté, mon opinion étant encore ſon rejet comme repréſentant la vénalité, je n'ai fait ni eu aucun projet de décret pour cette liquidation, & la diſcuſſion en a fini à raiſon des troubles de juin & de juillet, & de la preſqu'impoſſibilité d'aller au comité pendant la permanence.

Ainſi il eſt démontré qu'il eſt impoſſible de fixer ſur moi un ſeul inſtant le ſoupçon que j'ai voulu diſpenſer le commiſſaire de la liſte civile de la remiſe des états, & l'affranchir de l'exécution de la loi; puiſque d'un côté j'ai voté pour propoſer ſes raiſons, & tout ſubordonner à la déciſion ultérieure de l'Aſſemblée nationale, & que de l'autre le comité n'a pas fini cette opération, ni jamais eu de lecture de quelque projet de décret de ma part.

Certes, il faut convenir que ſi j'avois reçu de l'argent, ou ſeulement des promeſſes, je n'aurois pas été auſſi difficile en commençant, & que j'aurois été plus ardent pour faire un rapport auquel j'aurois dû, dans cette hypothèſe affreuſe, prendre un très-vif intérêt.

Ainſi ce que j'ai fait & ce que je n'ai pas fait, tout tend à ma juſtification.

Et ici j'invoque encore le témoignage de tous mes collégues, non ſeulement du comité de liquidation, mais de l'Aſſemblée légiſlative; ils m'ont vu agir, ils peuvent me rendre la justice que je mérite ; ils m'ont vu dans toutes les circonstances, dans les plus délicates, sur-tout dans celles où l'on opinoit par appel nominal, mon nom se trouvera dans toutes les listes honorables, par-tout on le verra parmi ceux qui ont le plus ardemment défendu la cause du peuple & de la liberté.

Je termine une justification qui a dû me causer bien de l'amertume ; il est douloureux, il est affreux d'avoir à repousser la plus vile calomnie, à se justifier d'avoir été corrompu, ou seulement attaqué par le plus bas des moyens, *l'argent.*

J'aurois pu, ami de la vérité, embrasser l'erreur pour elle ; quel homme est à l'abri de quelque surprise ! Mais certes je n'aurois jamais pu m'imaginer qu'on m'accuseroit, qu'on me soupçonneroit seulement d'avoir pu me laisser entraîner par de l'argent, ni par des promesses, également avilissantes.

Je ne présenterai plus qu'une réflexion que m'arrache la vérité, & qui doit m'être permise après l'humiliation à laquelle j'ai été forcé de descendre ; c'est que les dénonciations ou les soupçons sont accueillis & saisis avec une facilité alarmante ; & cependant l'homme public, l'homme pur est vexé au nom de la loi, qui ne doit avoir de force que pour le protéger & le défendre.

La Convention, frappée de cette vérité, vient de mettre, par un décret, quelques bornes à l'exécution du pouvoir redoutable qu'elle a sans doute été obligé de confier à quelqu'un de ses comités ; puisse cette loi n'être jamais oubliée , & porter dans les familles le repos dont elles ont besoin , & dont elles doivent jouir dans une République plus que dans tout autre gouvernement. Quand la calomnie est facilement écoutée , quand le soupçon est accueilli , l'homme de bien s'éloigne des postes où il pourroit servir sa patrie. Quand elle est réduite au silence , & qu'on repousse les soupçons , il se présente , alors le bien s'opere , l'innocent ne craint rien , le criminel seul est poursuivi.

POST-SCRIPTUM.

Depuis l'impression de ce mémoire , je suis parvenu à connoître le procès verbal du comité de liquidation qu'on m'a opposé comme contenant mes opinions & mon vœu pour le décret favorable à la liste civile : si je n'avois pas ce procès verbal sous les yeux , je pourrois encore douter d'après les interrogats affirmatifs qui m'ont été faits ; mais s'il n'y en a pas une double version ; si mes malheurs ne me réservent pas cet autre trait, il est certain que ce procès verbal démontre bien évidemment la vérité de mes réponses aux interrogats , puisque dans trois séances que cette discussion a été débattue , j'ai opiniâtrément discuté & opiné contre le projet de décret ; car même un éclaircissement que j'ai fortement développé , & qu'on n'a pas totalement rendu , mais qui se trouve complété par celui du citoyen Thulle , qui l'a appuyé en le répétant entierement , démontre que j'ai voté contre , ayant déclaré bien expressément que je ne me départois pas de mes opinions précédentes , qui étoient le rejet du projet de décret. La

Commiffion n'a donc vu nulle part que j'euffe opiné pour le décret, trois fois, & toujours elle a vu que j'avois opiné contre ; l'interrogat qui m'annonce que ce verbal prouve que j'ai difcuté & opiné pour, eft donc contre la lettre de ce même procès verbal, & me conduit à demander à la Commiffion de vouloir bien lire avec réflexion.

De l'Imprimerie de DEMONVILLE , rue Chriftine. 1793.